月河淘旧

楼耀福 / 著

百花文艺出版社
BAIHUA LITERATURE AND
ART PUBLISHING HOUSE

文心藏趣丛书

图书在版编目（ＣＩＰ）数据

月河淘旧 / 楼耀福著. -- 天津 : 百花文艺出版社，
2012.5
ISBN 978-7-5306-5905-2

Ⅰ. ①月… Ⅱ. ①楼… Ⅲ. ①文物 - 收藏 - 中国
Ⅳ. ①G894

中国版本图书馆CIP数据核字(2012)第053299号

···

百花文艺出版社出版发行

地址:天津市和平区西康路35号

邮编:300051

e - mail : bhpubl@ public. tpt. tj. cn

http://www.bhpubl.com.cn

发行部电话 : (022)23332651　邮购部电话 : (022)23332478

全国新华书店经销

桓台县方正印务有限公司　印刷

✻

开本　880×1230毫米　1/32　印张 7.75

2012 年 4 月第 1 版　　2012 年 4 月第 1 次印刷

定价 : 32.00 元

目录

梦见世襄老人（代序）

得知王世襄去世的那天，我找出了他的《锦灰堆》、《明清家具珍赏》，一遍遍地翻阅。我什么都没读进去。脑际迭现的是他的许多故事和那张和善的笑脸。

世襄老人活了95岁高寿驾鹤仙去，理应击缶而歌，而我则仍痛惜。这不仅因为我对他的崇敬，更因为是在今后的几百年里很难再有他这样的人物。两年前我读《最后的文化贵族》，《南方日报》记者在对他的访谈中，一开头便说："21世纪可能还会出现个钱钟书，王世襄是出不了了。"

"我自幼及壮，从小学到大学，始终是玩物丧志，业荒于嬉。秋斗蟋蟀，冬怀鸣虫，鞲鹰逐兔，掣狗捉獾，皆乐之不疲。"读着世襄老人的这段自述，我真佩服他从小就这么明白。而我们的许多人，大凡都在经历半世人生蒙遭坎坷以后才恍然明白的。更有可怜之人到了生命的终结仍无此份明白。

世襄老人的这种出世的人生态度，颇有庄子逍遥游的意味。可悲的是他想出世，"世"却不允他"出"。

1945年，抗战胜利。王世襄受命调查、收回被夺文物，其中不乏国宝，由故宫博物院等机构接收保管。1949年以后，此事却给他带来不尽劫难,"三反"时被关东岳庙四月之久,后又在公安局手铐脚镣十个月,被故宫博物院除名,1957年之后又当了三十年"右派"。王世襄说:"解放后博物馆界有三个人自杀,以我的经历,他们就自杀十次了。我很坚强,蒸不熟、煮不烂,我就是我,我有一定之规,我按照我的道路走。"他写过一本《自珍集》,他说:"自珍者,更加严以律己,规规矩矩,堂堂正正做人。"他的"自珍"为他赢得了自尊。他一生写了四十本书,2003年获得荷兰克劳斯亲王最高荣誉奖。他笑到了最后。

"名士风流天下闻,方言苍泳寄情深。少年燕市称顽主,老大京华辑逸文。"这是杨宪益为王世襄赋的诗。纵观老人一生,好一个"我就是我",无论是"秋斗蟋蟀,冬怀鸣虫",还是手戴镣铐,身陷囹圄,他都是"王世襄",蔚为大家的他活出了别人都无法替代的意趣、风骨和境界。

形成对照的是当今世上太多的人已失去了自我。就在前不久,我的朋友叶毅在博客上写了一篇日记,记录了为筹集资金援助贫病同学的一次聚会,二十多年前他们曾为一个落难的穷教书匠捐过款。时过境迁,穷教书匠飞黄腾达,如今是一方诸侯,恰恰在今天的集资名单中没有这位达官要人,于是叶毅心生感慨,说他"把自己的来路都给遗忘了"。我倒想安慰叶毅,官当到这个份儿上,他已经不是"他"了,活着的只是他的躯壳,不能乱说乱动,不能随心所欲。他已沦为一具"木偶"。电视屏幕上,那些人的僵硬表情、满口套话、像背书一样的演说、硬挤出来的笑容,我们见得还少吗?说实在的,他们也可怜得很呢!尽管王世襄老两口曾经蜷曲在两个拼合的旧柜子内睡觉,却远比这些人活得自在、舒心、洒脱。

上世纪九十年代,王世襄将其珍藏四十余年的79件明清家具珍品,以低价让与香港友人,只提出了一个条件:"你买我的家具必须全部给上博,自己一件也不能留。"他的《明式家具研究》,对于我辈无异于中国古典家具研究领域里的"圣经"。"玩物励志",这是我眼中的王世襄。

也许是日有所思夜有所梦,那夜我梦见了他,像书上照片的打扮,戴一副眼镜,中式对襟棉袄。我疑惑老人远在北京,与我素昧平生,怎么到上海?再一想,其母金章乃出身南浔豪门,抑或是老人从北京到南浔路过上海稍作逗留,再说夫人袁荃猷祖籍上海松江,老人也算得上是松江的女婿呢!他想再看一眼在上海博物馆的与他相伴几十年的明清家具,他顺便拐到嘉定来看一看由他题名的"嘉定竹刻博物馆"里,如今陈列些什么?

在梦中,我请老人写点什么。他在明代的书桌上摊开宣纸,握着笔,问:"落款日期怎么写?"我说:"当然写今天。"他说:"那不对,我11月28日就过世,怎么能写今天?"

他笑嘻嘻地看着我,把我难住了。

这一难,把我难醒了。我睁开眼睛,惘然看着天花板。梦中那张宣纸一片空白。世襄老人会在纸上写什么?直至今天我仍在想,不尽地想。

(原载《解放日报》2009 年 12 月 28 日,略有改动。)

插屏

《红楼梦》第三回写林黛玉进贾府："林黛玉扶着婆子的手进了垂花门，两边是抄手游廊，当中是穿堂，当地放着一个紫檀架子大理石的大插屏。"

这样的大插屏我也曾买过一件，有 2 米来高，架子虽不是紫檀的，屏心也不是大理石的，却是一块写字台面大小的金丝楠木，独板，从木纹看，又是楠树的横截面。面上阴刻沈周的山水人物图。沈周的画虽为新刻，但初见此物，我心中仍有一种震撼，这原本该是怎样的一棵大树啊！

明代以前，屏风作为家具的一种，主要用于遮蔽和隔断，大多接地而设。《史记·孟尝君列传》中有记载："孟尝君待客坐语，而屏风后常有侍史，主记君所与客语。"可知屏风在战国时期就已有之，多为实用。明清开始，插屏开始兼有供人欣赏之用，在注重实用价值的同时也注重美学价值。

因为仿沈周的画，此件楠木插屏成了一件融实用性与欣赏性于一体的器物。我花了九牛二虎之力，将插屏运搬至家中，折腾半天，家里竟无合适的安置之处。

苦不堪言之际，友人勇忠结伴来喝茶。勇忠是奥地利籍华人，在嘉定投资并安家。勇忠说："你别折腾了，我家有地方放。搬到我家去。"他边说边想："唉，放在我家进门处正适合啊！"于是他开始死缠活磨。

"你家里好东西多，让一个给我，也培养培养我对老家具的兴趣。"勇忠如此劝我。我终于抵挡不住，只得拱手相让，千辛万苦觅得的心仪之物成了他的渔人之利。

屏风的品种除了大插屏以外，还有围屏、折屏、炕屏、挂屏、枕屏、砚屏等多种。过去的读书人写字作画考究，为防研墨不要沾染灰尘和干得太快，常在砚前置放一小屏，用以遮风挡尘。当代书生已不用毛笔赋诗作词，连用钢笔写字的也越来越少，连我这样的在电脑前显得很笨的，都用中文手写板输入笔画编织文字。砚屏的功能似乎只存观赏了。前不久，我在武夷山的一家小古玩店见过一件砚屏，用料很精致，小叶紫檀支架，屏心为象牙雕。虽为新品，我仍然有点动心。后来发觉雕工太稚嫩，好像一个新手，面对名贵的材质，有着太多的战战兢兢，致使整件作品太过拘谨。好料须得高手做，不然反倒糟蹋了好料。

插屏中还有小件的。我曾在十年前购过一件民国柚木双面雕插屏（图1），时与市文联褚水敖和兰馨珠宝行蔡国声同在豫园三牌楼路汲古斋。蔡国声那时在上海已声名鹊起，常在豫园作文物鉴赏方面的讲座。我们从华宝楼淘旧后，老蔡带我们到汲古斋"老宁波"那里看花板。"老宁波"的花板太多，让人眼花缭乱，最后像挑了一箩筐鸡蛋，却始终未挑出个最大的，倒是在不经意中相中了此件插屏。插屏高85公分，底座长48.5公分，宽30公分，屏心高63公分，宽43公分，厚3公分，柚木双面雕工，图案极富书卷气，一面是笔筒、花篮，另

图 1　民国柚木双面雕插屏

一面是花瓶、盆景，简洁干练，略有几分西洋元素。好看是好看，搬回家之后却觉这样的尺寸有点尴尬，放在地上，稍嫌小，置于台几，则略觉大。想了半天，才让它物尽其用，将它摆在书桌一侧，正好遮蔽电脑机箱，既实用，又能观赏。

我藏有的另一件插屏，年份比柚木双面雕插屏要久远得多。也正由于年代久远，原先的屏心只留存了一个空框，框内原物或许为大理石或许为瓷板画，不得而知。底座和框架为酸枝木，样式明显是明代的。此件我是在崇徽堂觅得的。那天，此类插屏像在那里开会。我到那里，店主小汪一下子让我看了五六个，尽管好几件品相都比此件入眼，我最终仍选中此件。小汪动员我换别件，我执意不改初衷。小汪说："你眼睛毒，这是明式的。"后来我从另一位老家具爱好者小明那里知道，他也曾看中此物，只是未最后下手。小汪让我换别的插屏，这也是原因之一。此件高53.8公分，底座长58.2公分，宽18公分，屏心高38.2公分，宽53.5公分。明代的器物与清代比，最大的优点是简练。此物亦然，没有繁复的雕饰，浑朴古雅。

购得底座、框架，我便想着法子配屏心。明清的文玩屏风，屏心以天然大理石材质居多，纹理天然如画的大理石不依人工绘制，却得山水之美，受到文人雅士的钟爱。纹理有的如山岭逶迤，群峰簇拥，有的如烟雨空濛，朦胧月晕，色泽由淡褐、淡绿、淡灰、鹅黄等，相互融渗，变化多姿。但要短时期觅得一块中意的天然大理石也不是件容易事。无奈之下，我想到瓷板画。清末民初珠山八友的瓷绘也很美。段慧芬曾购过当代瓷绘挂屏一件，珠山新一代艺术家丁冬莲绘制的瓷板《游丝软系飘春榭，飞花轻泊扑绿裙》（图2），桃花美人，极动人。我想到近在咫尺的上海申窑，窑主罗敬频是我蛮不错的朋友。我把屏心的框架交给常在窑里作画的陈步兵，步兵是上海画坛的后起之秀，作品常在《解放日报》等重要报刊发表，尤擅山水。半个月后，步兵拿来

图2 丁冬莲绘制的瓷板挂屏《游丝软系飘春树,飞花轻泊扑绿裙》

图3　明式插屏。明代的器物最大的优点是简练,此物亦然,没有繁复的雕饰,浑朴古雅。配以陈步兵的瓷板画《春山烟林》,极具文人气息。

了他的瓷板画《春山烟林》,层峦叠嶂,烟林苍茫,尤其一色青花,像绘画中的满纸水墨,极具文人气息(图3)。

　　这件古今交融的插屏,我现在置于厅堂清中期的榆木长条桌上,牙条上那绵延不断的"万水千山"回纹和插屏互为呼应,呈现着一种宁静之美,无穷的意境令人回味不尽。

木雕花板

在我的理解中，木雕花板以前并不都是一件独立的器物，它或者是房屋构建中的一个部件，如雕花门板、窗板，或者是家具中的一种装饰，如雕花床板、橱柜门板等。这些年，"木雕花板"这个名称的盛行，与明清旧屋的拆迁有关，也与日益趋热的旧家具收藏热有关。

古屋将倾，有眼光的古玩商发现其中的许多石雕砖雕木雕的构件仍有审美价值，便以较低廉的价格全部买下，分门别类，再提价卖给像我这样的人，因为像我这样的人实在太喜欢并钟爱中国古代能工巧匠所创造的精美之作。

好几年前，我曾在上海吴中路上一家叫"仁宗"的古典家具行看到从浙江东阳拆迁来的一幢建筑，那木雕的精美简直让人目瞪口呆。横梁、牛腿拱斝、雀替、门窗等每一件都堪称美轮美奂，尤其让我难忘的是"双狮戏球"，那球层层透雕，我居然数不清雕了多少层？这样的一幢建筑，店主的开价仅二十万。我囊中羞涩，更无地安置，只能望"屋"兴叹。由一件牛腿拱斝改制的人物雕像（图1）倒是那时在"仁宗"购入的，表神举止生动质朴、惟妙惟肖，为我所喜爱。

图 1　由牛腿拱骿改制的人物雕像

后来，我们结识了女企业家小蒋，几年里她收集的古建筑达二百多幢，其中不乏精品。她在奉贤海湾国家森林公园租下地后，复建的"骑尉府"，就是其中之一。我曾在"骑尉府"喝过茶，额枋上的五狮戏球（图2），与船篷轩的四狮组成神态各异的九狮，雕工玲珑剔透，显示了旧时主人的显赫。门窗的雕花也在诉说着乾隆年间徽派工匠的精湛手艺。在古宅化为瓦砾废墟之前，小蒋第一时间赶到现场，花巨资购之，然后小心翼翼地拆除，千里迢迢运至上海复原，可谓竭尽全力。小蒋的本意是能让子孙后代从这些古建筑中了解我国优秀的传统文化，因此，无论从哪个角度讲，功德无量。

　　诚然，我辈书生，除以文字笔墨呼吁理应珍惜、尊重优秀古建筑之外，只能在力所能及的范围购置一些"零部件"，妥善待之，珍爱有加。这些年里我陪友人在东阳买过牛腿拱拳，前不久还陪上海作协的于建明在屯溪老街购得一对游鱼图案的深雕元宝托。我自己也不止

图2　"骑尉府"额枋上的五狮戏球

一次地购过雀替（图3、4）等构件，其中较多的当数木雕花板。

我最早拥有的花板购自浙江西塘。十来年前，西塘远比今天清静幽雅，在沿河的廊棚下行走，真有点乐而忘返。在烧香巷我们见到"明清木雕陈列馆"，大门两侧有商铺供应木雕花板，我购得四扇窗板，八仙过海图案，尽管雕工较粗糙，价格却便宜得不可思议。我问有没有更精致的？卖者用嘴往楼上努了努，意即好东西都在楼上。不料这天楼上"恕不接待"。一筹莫展之间，我发现门口挂着一个镜框，框内有张剪报，是上海散文家沈扬先生发表在 2001 年 1 月 14 日《解放日报》"朝花"副刊上的大作"雕栏玉砌应犹在"，一大半的篇幅是介绍这家陈列馆和主人蒋国强的。我和殷慧芬抓住这一契机，对看门人说，我们是沈扬先生的朋友、《解放日报》"朝花"的作者。这一招果然奏效，里屋走出个三十多岁的年轻人来，问明我们来由后，很客气地引我们上楼。

我后来得知，此人正是蒋国强。沈扬先生说他"在西塘老街闲步，看到一个老妇人用刀劈木柴，一堆木板中有一块窗板，上面雕刻着蝴蝶、葡萄，十分精美。国强觉得如此的艺术雕板付之一炬实在可惜，就向老妇人要了它。回到家中，他把木板清洗干净，悬挂在墙壁上，觉得煞是好看。国强意识到西塘是个明清建筑众多的古镇，如今或旧屋改造，或拆旧建新，那些有文化价值的建筑雕品如不及时抢救，就将不断湮没，于是有心收集，最终办成了这个别开生面的陈列馆。"读着沈扬先生的文字，我发觉蒋国强对这些旧物的喜好与我有着许多相通之处。

到了陈列馆二楼，蒋国强所藏木雕，件件堪称精品。我似乎懂了他的收藏和经营之道：收得的一般雕件，他设摊卖出，如我购入的窗板；而收到其中精品，便藏为己有，如陈列馆的每件雕品。眼花缭乱之间，我对他的藏品心生妒羡。我说能不能让一、二件给我？他摇摇头，

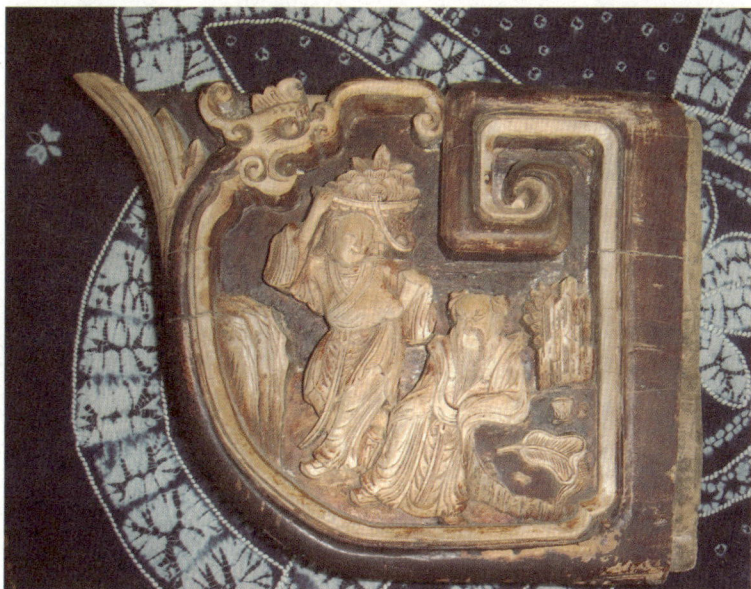

图 3、4 雀替：“八仙”人物

婉拒道："楼上陈列的均为非卖品。" 我不善罢甘休，死缠活绕。最后，他同意在某展区让我挑选一件。这一件便是我在居所玄关墙上挂了近十年的木雕花板（图5）。

此件花板由三块拼接组成，总宽40公分，高66公分，中间10公分宽的那块透雕为"平（花瓶）安（案几）"图，通体剔透，线条洒脱，瓶体、几身浅刻点缀纹饰，花蕊配以深刻，使作品极富层次感。左右两块从图案看应是"凤戏牡丹"，与中间"平安"图一样，深雕、浅雕、透雕的手法交替使用，凤凰的羽毛、牡丹的花叶较多使用深雕，使此件木雕的主体更为突出。

凡对称或几块花板雕刻的图案大体相同，判断其是机刻新品还是手工刻旧件，就要细辨其具体纹饰，比如同一位置的两朵花，花瓣的数量、形态、细纹是否完全一样？如果完全一样，则必定为电脑输入机器镂刻。凡手工作品，即使是同一工匠，在不同时间雕刻，也不可能完全一模一样。在西塘购得的此件花板，当属古时手工精品。

另有一种木雕花板，其工艺也令人称道。我收藏有块窗板（图6），高149公分，宽115公分，八卦图案，由一百多块横竖短木和九十多件卡子花攒接而成，通体不见透榫。古代的工匠是何等的不厌其烦一丝不苟，此件可见一斑。前不久，有一古家具商见此窗板，说能做八卦图案的工匠并不多，这要求计算十分精确，稍有纰漏差错，整个图案便无法拼接。此人到底整年累月以老家具为业，很懂行。

从雕工和短木攒接工艺看，上述两块花板应为江浙一带工匠的作品。中国的木雕除江浙外，广东潮汕、福建莆田、安徽徽州地区也很著名。徽州木雕之美我曾撰文有所阐述，素以"精微透雕"著称莆田木雕也曾有见识，但最令我叹服的仍数东阳木雕。我曾拥有过一块尺寸不大的东阳双面工木雕花板，一面是《溪边放生》，另一面是《村舍品茗》，无论内容、雕工，都很美。两年前，远在日本的茶友叶毅回

图5 在西塘"明清木雕陈列馆"购得的木雕花板

图 6　这块窗板内心的图案由 100 多块横竖短木和
90 多件卡子花攒接而成，通体不见透榫

国探亲,前来看望他的楼大哥,并赠两瓶彩绘瓷瓶青酒。我以此花板回赠。海外游子面对中国优秀的木雕艺术似比常人多一分激动,连说:"我喜欢的,我喜欢的。"

　　我也不止一次去过浙江东阳,每次,卢宅是必去的,为的就是感受那里独特的气息。今年夏天,张重光兄说上海作协组织部分小说家去浙江横店采风,征询我是否参加。对横店的人造景观,我本无多好感,但横店属东阳,可顺便看木雕,我便欣然应允。不料,横店两天全都在水泥堆砌的虚假秦宫、满目塑料树的梦幻谷中周旋,痛苦至极。所幸在"清明上河图"的出口处我还是见到了真正的东阳木雕。那家铺子叫"东横一雕",店主是个叫小潘的年轻人。我问他:"有没有老东西?"他说:"有啊。"他拿出两块雕花床板,确实精美。我问:"卖不?"小潘赶紧抱得紧紧的:"这是'雕花皇帝'的作品,我怎么能卖?""'雕花皇帝'杜云松?还有个'雕花状元'楼水明,和我是本家。"小潘吃惊地望着我,诧异我居然如此熟悉东阳木雕,赶紧叫我"楼老师"。其实,我只是在写《海上寻珍》时,对全国各地来上海发展的工艺大师作过一番梳理,东阳木雕的代表人物杜云松、楼水明也在其列,因此才略知一二。

　　我指着那块雕花板又问:"你凭什么认为它是'雕花皇帝'的作品?"

　　小潘说:"你看,这么薄薄的一块板,能雕出这么多层次来,就是'雕花皇帝'的水平。"我仔细观摩,果然,杜云松通过雕刻一件落地围屏的曲曲折折,在不足 1 公分厚的薄板上表现了五、六个层次,使画面极富立体感,确有巧夺天工之美。小潘说,他不想出让这两件木雕,本意就是为了学习。

　　我说:"那你有什么别的好东西卖给我?"

　　小潘迟疑片刻,取出一件小叶紫檀手串,说上面刻的是十八罗汉,本来是作为生日礼物为他夫人所雕,不料完工后,夫人手腕较粗,戴不下,见一旁的殷慧芬正好可以戴上,愿意半送半卖,与"楼老师"交个朋友。

我在放大镜下细看此物,小潘果然是用心雕刻的,每一粒仅珍珠般大小,所雕十八罗汉或慈眉善目,或威仪凛然,或淡然处之,或疾恶如仇,个个神态各异,表情生动。看来木雕之乡的新一代艺人也已身手不凡。

关于手串、微雕,我友荆歌的生花妙笔在《文玩杂说》中多有精妙叙说,本篇题为《木雕花板》,本不该赘述,就此打住。

零零星星的木雕花板我还藏有不少,但与那些收藏大家比,仍然是小巫见大巫。前不久,我去许四海的"百佛园",这位"江南壶痴"不仅以其收藏的明清名壶让我惊叹,就连他的木雕门窗花板也件件

图7 "江南壶痴"许四海不仅以其收藏的明清名壶让我惊叹,就连他的木雕门窗花板也件件令人称羡。

图8　花板所书"梧月松风竹雨,茶烟琴韵书声",那种
意境,那种生存状态,太令人向往和醉迷了。

令人称羡(图7)。

木雕花板中也有以新充旧的,我在华翔路一家旧家具店见到过
一块,雕得很不错,拉黄包车的、唱戏的、练把戏的,内容很丰富,洋溢
着浓郁的民俗风情。我问店主:"老的还是新的?"店主来自山西,颇
多交往,也很熟了,信誓旦旦说是老的。我细看,笑道:"新的。"店主
说:"凭什么?"我指着其中人物说:"你看,还有解放军战士呢!"店
主愣了一下,喃喃自语:"倒是真的。"接着又辩解说:"解放初的作
品到现在也五六十年了,也是老东西了。"我又说:"恐怕是近些年
的,你看这牌楼上的'福满楼'三个字,老东西应该从右到左写,它怎
么从左到右呢? 再说,这'福满楼'的'楼'应该写繁体字,它怎么是
简体字呢?" 这一说,店主傻了,气咧咧地骂娘了:"妈的,家里还有
两块呢,我收的时候怎么不长眼呢!"

诚然,新雕花板也不是都不好,东阳那些大师们的作品价格也并
不低于一般的旧件。对木雕花板爱好者而言,收藏更重要的是图个好

心情,意在其中陶冶性情。本世纪初,我在豫园附近青莲街的冯老板处订制家具时,他赠以一块花板,我就很喜欢,在我小茶室中长年悬挂(图8)。那花板虽不大,材质却很好,芯板为金丝楠木,边框为大叶紫檀,尤其所刻内容为:"梧月松风竹雨,茶烟琴韵书声。"那种意境,那种生存状态,太令人向往和醉迷了。

永春工木雕

写完《木雕花板》，原以为把我近几年在这方面的收藏作了个比较完整的梳理和小结，却不料之后又花了近三万元的价格淘得两块永春工木雕《三国演义》花板。我不得不再写此篇，以作补充。

前两年由于虹桥交通枢纽的建设，工地塔吊林立，原先的道路或者泥泞不堪，或者干脆成了断头路，开车即使用 GPS，也常常找不到北，因此我很少去那里，尽管那里有好几家古典家具行。现在，原先挤攘破陋的小路已被纵横的通衢大道所取代，那里久违的古典家具行又成了我经常的光顾地。

这两块花板便是在华翔路南方古典家具店觅得的。初到这家店铺，我就被挂在门口的这对《三国演义》人物故事木雕所迷惑（图1、2）。我不动声色地在里面兜着圈，见家具、雕件均以福建莆田、广东潮汕地区的风格见胜，精微透雕，且多为贴金绘彩。最终还是抵御不了《三国演义》木雕的魅力，回到门口。与大多数莆田、潮汕木雕不同，这对花板仍保留着木质的本色，通体素白。这正是我所喜爱的。

看店的女子姓李，我问："你是福建人？还是潮州人？"她用带闽

图1 《三国演义》人物故事木雕

图2 《三国演义》人物故事木雕

南口音的普通话硬邦邦地回答，说她来自莆田，一如我所判断。

莆田木雕本很有名，中央电视台《走遍中国》栏目作过专门介绍："出神入化的功力，神奇大胆的想象，使坚硬的木材被赋予了生命；千百年的刀削斧凿，一代代地精益求精，使莆田的木雕闻名海内外。"莆田木雕风格精致细腻，古朴典雅，层次重叠，历代均有优秀作品传世，北京故宫博物院至今存有清代莆田艺人进贡皇朝的贴金透雕花篮。

"莆田的木雕很少有白坯的，这两块木雕花板是莆田的吗？"我问。

"我老公收来的，是不是莆田的，要问我老公。"

"卖多少钱？"

店主报的价格使我顿时傻眼。多时没光顾旧家具店，价格就这样扶摇直上？店主说："你看这'刘备娶亲'（图3），这'孔明入蜀'（图4），这关羽、张飞，雕得多好！你是内行，东西好，价钱也好么。"

说实话，这两块50公分×93公分的花板，雕工确实不凡，刀法极为老辣。纵深精雕细镂的人物虽众多，却个个形象鲜活，丝丝入扣，一匹匹战马也都生趣盎然，呼之欲出。浮雕缠枝点缀其间，后面的桁垫板与前面图案连为一体。

我再从侧面细看人物脸部是否有后补的。我这么看是因为过去也曾买过一块人物故事木雕花板，买回家刚擦拭，半张脸便掉下来。此类雕件在"文革"动乱中大多被认作"四旧"而横遭破坏，手段之一便是砍头削脸。精明的商家为卖个好价钱，常在破损部分作必要修补，以充完好。

我反复察看，不见有后补的印痕，人物脸部表情都自然生动。但我仍故意挑刺："'刘备娶亲'，娶的是美女大乔，你看这大乔，眼、鼻都没了。"

图 3　刘备娶亲

图 4　孔明入蜀

小李笑了："这是年代久了，日晒雨淋，风化了。"

好说歹说，小李说，即使降价，也要与她老公商量。她老公正在福建收货。

我只得怏怏不乐地离店而去，临走时关照小李："你老公什么时候回店，打电话告诉我。"

三、四天里，一直未见小李有电话来，心里却老惦记着这两块木雕花板是否会被别人买走？花板上一个个形象鲜活的浮雕人物皆在我眼前晃动，赵子龙、老黄忠，金戈铁马，真可谓是一部立体的《三国演义》连环画（图5，6）。第五天，我无法抑制对它的念想，与殷慧芬再次去那家店铺。

濛濛细雨中到达那里时，仍只有小李留守店铺。我问："你老公还没回来？"她说："是啊，因此我也没给你电话。"我不想过分流露太急切的心情，掩饰道："正好路过，顺道来看看。你老公不在，你又做不了主，下次再说吧！"实际上，那天我包里倒是带了钱的，只要小李稍稍松动，便可立即成交。谁知她也不主动，只顺着我的话说："好的，下次再说吧！慢走。"

又一次无功而返。

今年中秋第二天，我陪画家江宏去看他喜欢的柚木大餐桌，说起两块花板，他倒很起劲："喜欢，确实好，就拿下来。你想想，当代画家一幅画什么价格？"江宏的话不无道理，通货膨胀，生姜、大蒜的价格都在飙升，纸币不可阻挡的贬值，如今买什么不贵？

也许是中秋，夫妇也要团圆，这天总算见到了小李的老公小张。我说："我这是'三顾茅庐'，今天总算见到诸葛亮了。"小张说："那你是刘备啊！"众人嬉笑一阵，便直奔主题。几个回合之后，小张稍作降价成交。

小张说，两块木雕花板是福建泉州的"永春工"。永春县，古称

图5、6　赵子龙、老黄忠,金戈铁马,真可谓是一部立体的《三国演义》连环画。

"桃源"，东与仙游县相连。"永春工"木雕多以楠木、樟木为材料，质地柔韧细腻，易于奏刀精雕细刻，作品古朴大方，韵味十足。小张还取出数码相机，让我看他在永春照的古屋，古屋门窗的木雕花板果然精湛。

我算是又长了见识，我国的木雕艺术除了浙江东阳、安徽徽州、福建莆田、广东潮汕等地负有盛名外，泉州永春工也同样令人赞叹不已。我感慨，有着五千年文明史的神州大地，何处不闪耀着先人的智慧和文化积淀的光芒？木雕艺术仅仅是五彩缤纷的中国传统文化之一斑。

木化石

家里有三块观赏石，一律全是木化石。今天的石头，亿万年之前却是树木，我这辈子也真的与木有缘。

2003 年，殷慧芬去浙江新昌，回来时行李特别沉，是同行的一个年轻人相帮提着，叫了辆车，专门送到家门口的。还没进门，她就嚷嚷着："楼耀福，快点来搬！" 我赶紧到门口，殷慧芬脚边除了提包背囊外，多了个木箱。这个木箱，我居然一下子搬不动。

"什么宝贝？" 我充满好奇。

"石头石头。" 也许一路劳顿，她有点不耐烦。

我用力把木箱搬入厅里，打开，果然是顽石一块。

"千里迢迢，你别的不搬，却搬块石头来！" 我大惑不解。

"这叫木化石。" 殷慧芬为我上课，"亿万年前，它是块木头。新昌是出木化石的地方。"

"树木变成的石头？" 孤陋寡闻的我对此居然一无所知。我重新打量那块石头，高与宽约在尺许，颜色灰白，经脉毕露，近看俨然一段残树桩，远观仿佛一座沟壑纵横的山体，果然百看不厌（图1）。

图1　新昌水冲木化石，近看俨然一段残树桩，远观
仿佛一座沟壑纵横的山体。

稍经休憩、漱洗，喝了点茶，殷慧芬的心情好了许多。她将此行中刚获得的有关木化石的知识，像"二传手"，转授给我。木化石，学名硅化木，顾名思义，是植物的化石。侏罗纪、白垩纪时代，大树参天的繁茂森林是恐龙的世界。木化石出现在这一时期的地质层里，和恐龙是同时代的遗迹。论其年龄在一亿五千万年以上，是研究地壳变迁和古生物史的重要资料。由树木变成化石的条件十分苛刻，它深埋在地下封闭环境中，当地质构造产生一定变化如火山爆发时，有热液活动，长期受二氧化硅溶液的作用，才会形成具有木材特征的硅质岩石。因此，木化石尽管地理分布较广，却仍极其稀少，堪称珍贵。在新昌著名的穿岩十九峰风景区内的镜岭镇安溪、澄潭镇王家坪的群山中，由松、柏、杉、银杏、桦树等组成的木化石延绵几十里，数目巨大、种类繁多。除了露出地面的，更多的则是深埋地下，堪称木化石的"侏罗纪公园"。

木化石是重要的地质遗迹，珍贵的不可再生的自然遗产。由于其史前研究价值、旅游价值、以及观赏价值，人们对它日益青睐。爱石的新昌朋友告诉殷慧芬，新昌还有一种水冲木化石，是在地壳变迁中被偶然冲入溪河沟渠，又历经沙石、水流千百年的打磨和冲击，和深埋山中的木化石相比，它呈现给世人的是另一种圆润和绚丽。由于它肌理清晰，千姿百态，现已为奇石爱好者争相收藏的新宠。殷慧芬几经折腾，如愿获得的这块木化石，便是水冲石。

在岁月之水的淘洗下，它虽失去了几分粗粝，却增添了几分娟秀。抚摸着它历尽沧桑的肌体，我似乎仍能感觉到它平稳的呼吸和它散发的灵性。

拥有这块新昌木化石之后，我们多了几个喜欢奇石的朋友，其中同一住宅小区的文文往来最密。年轻的文文当时是区里统战部的副部长，因为对奇石的喜好，我们很快被她不"战"而"统"。

一个周日,她约我们去浦东机场镇,她说那里有个奇石博物馆,收藏了世上各种各样的观赏石,"我们统战部组织去参观过的,恐龙化石、木化石,多得来不及看。"

奇石博物馆位于浦东凌空农艺大观园内,馆主吕焕皋本就是个传奇人物,藏石二十余年,深入全国十多个省份,出没数百个矿洞,国内的崇山峻岭以及非洲丛林、印尼海岛……都曾留下他探宝觅石的足迹,他收藏的每一方奇石都有一个曲折故事。那天他不在,接待我们的是他太太。博物馆光彩夺目的奇石令我大开眼界,那块镇馆之宝《大地回春》更令我击节赞叹!

凌空农艺大观园有限公司也卖奇石,这块来自印尼的木化石(图2)便是在公司的进厅被我一眼相中的,深褐色的树皮斑驳陆离,端面可见年轮,中间有大树结,初看真以为是半截大树,足有120公分高,也许此树在形成化石的过程中树干被断开,现在看到的树干胸围仅为原本的五分之二。因为断裂残缺,它更有另一番美。现有树干仅残存部位的胸宽近90公分,可见亿万年前它是怎样的一棵参天大树!

吕太开价五万。我说作家很穷,能否价低些?她笑笑,叫我说个价。我说一万五,这是写一部长篇小说,单价二十元、发行量达一万册的税后稿酬。她摇摇头,向我推荐另一块木化石:"一万五买这块吧。"大小与我中意的那块相仿,只是形态逊色了许多,更无树结,树皮、年轮也不清晰。我当然说不。

此时文文展开了她的"统战"工作,隆重推出殷慧芬,说她的长篇小说《汽车城》曾在全国得奖,为写《汽车城》她连眼睛都损坏了,听说家里放一块自己喜欢的石头,象征吉祥、安康、长寿、富足,可以避邪、镇邪,她今天是专程到这里来的。

吕太终于被说动,以一万六成交。此石从浦东运到嘉定后,六个

图2 硕大而挺拔的木化石像一位饱经风霜的老者，与我们昼夜相伴。

小伙子、三根大杠棒，艰难地搬进家门，被安置在客厅，成为厅里一棵"树"、一道风景。

从此这块硕大而挺拔的木化石像一位饱经风霜的老者，与我们昼夜相伴，每天清晨，我要站在它面前，与它面对面，互相凝视、对话，我跨越时空，从它的木纹石理中感受亿万年前的自然界所传递的气息，然后思考极其短暂、转瞬即逝的新的一天中我将做些什么。

"地壳大变动深埋地层下，历劫亿万年换骨化作石。"这是新昌大佛寺放生池畔木化石旁的一副对联，"万劫千生绝去来"，木化石又何尝不是这样？历经深埋、热熔、沧海桑田，待到它重现人间的时候，虽然保持着依稀的树纹和年轮，甚至有树结有蛀虫咬过的痕迹，却早已不是树木。

后来我还买过一块木化石（图3），因为秀气儒雅，我将它置放在书房中，陪伴我们写字读书。

厅堂中已经演化为石的那棵"树"，所具有的这种震撼力和大自然的神奇造化，让我们的朋友都对它赞叹不已。前不久，上海作协和嘉定区政协联合举办"新时期嘉定作家群现象研讨会"，不知谁起的头，说到嘉定既与大都市毗邻，又远离嘈杂市嚣，作家既能很快获取各种信息，又能不受干扰静心写作，认为这是嘉定作家群形成的缘由之一。在我家小坐过的王小鹰、程乃珊、陈村都举我们家的环境为例，程乃珊念念不忘的是园子里的那口明代古井圈，陈村记忆犹新的则是这块风雨沧桑的木化石。

禅宗中常用"面壁"两字，如今，我们面对如此美丽珍贵、聚亿万年山川之灵气的木化石，我们会有怎样的思考呢？感叹大自然的苍茫，感叹宇宙史的悠远，更感叹人生在历史长河中过眼烟云般的须臾瞬间？

"仰观宇宙之大，俯察品类之盛"，任何个人在"俯仰之间，已为

图3　因为秀气儒雅，我将这块木化石置放在书房中，陪伴我们写字读书。

陈迹",王羲之在《兰亭序》中的惆怅,满含着对时间和生命意义的深刻思索。

面对木化石,王羲之的惆怅和思索,难道不应该是今人的惆怅和思索吗?

跋

近日看了法国影片《优雅的刺猬》，一个叫荷娜的普通门房，密室里却是满屋藏书。她博览群书，有着贵族般的内心世界，却在人们面前不愿流露优雅。她说："谁愿意让一个自命不凡的女人看门房呢？"这种刻意掩饰为的是一份低微的职业和苟且的生存。

我们每个人的人生中是否多少也有过类似的经历？

今年春天，两个多年失去联络的老同学专程来嘉定看我，年过耳顺，抚今思昔，彼此之间互诉衷肠，有着说不尽的话题。说到我收藏的古典家具时，老同学说，在她镇江老家也有过这样的家具，红木床门楣边框全是雕花，非常漂亮。我问："现在还在吗？"她说不知道呀，"文革"时，家里人怕被认为是"四旧"，把木雕人物的脑袋都砍去了。她下面的一席话让我更为感慨："我们家在当地是大户人家，不过在填表的时候，我吓得一点都不敢流露，要不我怎么入团？怎么升学？"那些年里，因为出身不好，纵然才华横溢，也入不得高等学府。

我不知道荷娜在法国是否个例，而老同学的掩饰在那时的中国绝不是个别的。我的另一个朋友，因为父亲1949年之前曾在洋行供职，1966年那场浩劫来临时，因怕被说"成分"不好，家里为毁灭"罪证"，硬生生把一张好端端的红木雕花大床贱卖掉。上海话形容"贱卖"常用"三钿不当两钿"这个俗语，而那次贱卖，几乎可用"万钿不当十钿"。那床宽六尺，长七尺，连床板都是老红木的。朋友说她幼时夏天躺在上面极凉快，根本不用铺凉席。只是搞卫生太吃力，因为雕工实在太精细。在之后的许多年里，她再没见过比那更美的老床。我听着，觉得像是一个雍雅华贵的大家闺秀硬是被打发到荒山野村去当丫头，深为惋惜。

对古代优秀文化遗产的糟蹋，许多年里比比皆是。殷慧芬的好友、著名作家叶广岑是清皇室叶赫那拉氏的后裔，1966年，无奈将历代名画撕碎当废纸卖，足足有两百多斤。几年前，殷慧芬与她一起参加过多次笔会，每到一地，殷慧芬有时会关注当地的古玩市场，叶广岑却不屑一顾，除了她年幼时什么古玩都见识过之外，我揣测她若再见那些古物时，内心一定是百感交集的。

那些年里，鸟儿有着美丽羽毛却不敢张翅，花朵有着姹紫嫣红却不敢绽放。人们因为饱读诗书而岌岌自危，不知哪一天会大祸临头。对文化的践踏、对优雅的鄙弃、对贵族身世的讳莫如深，人类史上任何一个国家都很难与那时的中国相比，说"史无前例"倒是恰如其分。

随着日历一页一页的翻动，那样的年代终于不再。三十多年过去了，人们终于可以理直气壮地展露文化，原本从不读书的"刘项"们为充斯文也不得不把"文化"挂在嘴上。一度被认作"四旧"的古董文玩也越来越受到世人的追逐，那些年里所幸未被毁的古瓷古画屡屡在拍卖会上亮出令人咋舌的天价，人们不知不觉地进入了一个收藏的年代，收藏家和收藏爱好者仿佛随时随地可以不期而遇。

收藏本是对人类文明、优秀文化的一种守望。潘祖荫的后代1951年向国家捐献西周时期的国之重器：大克鼎和大盂鼎；张伯驹变卖房产,变卖夫人的嫁妆,倾全家之力购入陆机《平复帖》、展子虔《游春图》,解放后捐献给国家的惊世之举……都让我深为感动。我所崇敬的京城大玩家王世襄为获得心仪的古典家具蹬三轮车穿街过巷的情景一直在我眼前闪现。如今斯人已去,但《平复帖》在北京故宫博物院,大克鼎、大盂鼎和79件明清家具珍品在上海博物馆却闪耀着永恒的光芒。

在我相识的友人中也有我所尊敬的收藏家,如尔冬强、许四海等。去年,我应邀参观安亭一座私人博物馆,馆藏文物一百多件,其中多件反映嘉定历史文化的藏品尤让我心动不已。馆主说:"看到珍贵的嘉定文物流失海外,我很心痛。我最大的心愿,就是让嘉定的文物留在嘉定。"作为一个普通嘉定人,能存此心,让我感动。我在嘉定工作生活已有四十多年,对这个江南历史文化古城深有感情。走出私人博物馆,我想地方政府在注重经济发展和"政绩"的同时是否也能更重视历史文化的遗存呢!

和那些真正的收藏家比,我这些年所谓的"收藏",简直微不足道不堪一提,但我的心念与他们是一样的,都喜好并守望人类文明的物证、优秀传统文化的遗存,同时在这种喜好和守望中怡情养性。因为从事文字生涯,我若能在片刻清娱之余,观察赏析,有所体会,使之化作文字与同好切磋、共享,那便更令人愉悦了。为此我很感谢多年来为我拙文提供发表版面的上海各报,更感谢百花文艺出版社为我提供撰写拙著的机会。

世人可以堂堂正正地展示、收藏、传播优秀文化,并且不必为之隐蔽掩饰、担惊受怕,如同能在天地山水之间自由自在呼吸清新空气。这样的氛围是美好的,也是应该拓展的。

是为跋。

2010 年 11 月于上海嘉定涵芬楼